Danke Gott - Das Liederbuch

20 schöne neue Lieder für Kindergarten, Gottesdienst, Schule und Zuhause

Das Liederbuch mit allen Texten, Noten und Gitarrengriffen zum Mitsingen und Mitspielen

Neue religiöse Kinderlieder von Stephen Janetzko

Copyright © 2015 Verlag Stephen Janetzko, Erlangen
www.kinderliederhits.de
Alle Lieder verlegt bei Edition SEEBÄR- Musik Stephen Janetzko, Erlangen
Online-Shop im Internet unter ***www.kinderlieder-shop.de***
Coverzeichnung: Ines Rarisch - Covergrafik: Stephen Janetzko
Notensatz, grafische Vorbereitung und Idee: Stephen Janetzko
All rights reserved.

ISBN-10: 395722229X

ISBN-13: 978-3-95722-229-9

Inhaltsverzeichnis

Lied:	Seitenzahl:
Danke, Gott (Für die schöne Welt)	4
Wir feiern jetzt ein Fest (Und alle sind dabei!)	5
Guten Morgen, liebe Leute (4-stimmiger Kanon "Froh zu sein bedarf es wenig")	6
Gemeinsam sind wir stark	7
Gott ist die Liebe (3-stimmiger Kanon)	8
Mit Gott erlebst du was!	9
Ein bunter Regenbogen (2-stimmiger Kanon)	10
Viele kleine Leute (Eine Handvoll Sonnenschein)	11
In Gottes schöne Welt (Wanderlied)	12
Gott ist überall (Kanon mit Bewegungen)	13
Johanni (Kanon zur Sommersonnenwende, 24.6. Johanni-Tag)	14
Segne unser Essen	14
Tu da, wo du bist (3-stimmiger Kanon)	15
Wir wollen danken	15
Gott, ich will dir danken (Danklied - Lied zu Erntedank)	16
Michaeli, Michaeli (29.9. Tag der Engel)	17
Sankt Martin ist da (11.11.)	18
Auf allen Wegen (Segenslied - 2-stimmiger Kanon)	19
Lieber Gott wie 1000 Sterne (4-stimmiger Kanon "Froh zu sein bedarf es wenig")	20
Heute ist soviel geschehn (Lied zur guten Nacht)	21
Vater unser (Janetzko)	22

Danke, Gott

Text und Musik: Stephen Janetzko; CD "Danke Gott"
© Edition SEEBÄR-Musik Stephen Janetzko, www.kinderliederhits.de

Refrain: Dan-ke, dan-ke, dan-ke, Gott, für die schö-ne Welt.
Dan-ke, dan-ke, dan-ke, Gott, weil du zu mir hältst.

1. Die Sonne am Himmel, der Mond und die Sterne.
Was nah und was fern ist, das habe ich gerne.
Alles kommt von dir!
Refrain: Danke, danke, danke, Gott...

2. Der Vater, die Mutter,
die ganze Familie.
Der Bruder, die Schwester,
und Freunde, so viele.
Alles kommt von dir!
Refrain: Danke, danke, danke, Gott...

3. Das Obst und Gemüse,
die Kräuter der Erde.
Als Teil der Natur
danke ich dir so gerne.
Alles kommt von dir!
Refrain: Danke, danke, danke, Gott...

4. Ich spreche, ich laufe,
kann denken und essen.
Ich fühl mich so gut,
da mag ich nicht vergessen:
Alles kommt von dir!
Refrain: Danke, danke, danke, Gott...

5. Wenn wir uns verstehen,
auch wenn wir uns zanken.
Du bist immer da,
dafür will ich dir danken.
Alles kommt von dir!
Refrain: Danke, danke, danke, Gott...

Wir feiern jetzt ein Fest

Text: Werner Schaube; Musik: Stephen Janetzko; CD "Danke Gott"
© Edition SEEBÄR-Musik Stephen Janetzko, www.kinderliederhits.de

1. Wir feiern jetzt ein Fest und alle sind dabei; wir freuen uns, wir freuen uns und alle sind dabei, alle sind dabei.

2. Wir sehn einander an
und alle sind dabei;
wir freuen uns, wir freuen uns
und alle sind dabei.

3. Wir geben uns die Hand
und alle sind dabei,
wir freuen uns, wir freuen uns
und alle sind dabei.

4. Wir loben unsern Gott
und alle sind dabei;
wir freuen uns, wir freuen uns
und alle sind dabei.

Singhinweis: Ein ganz einfaches Lied z.B. zum Kindergottesdienst oder für bestimmte Feste im Kindergarten oder in der Gemeinde.
Die Strophen immer wiederholen.

Guten Morgen, liebe Leute
(4-stimmiger Kanon "Froh zu sein")

Text und Musikbearb.: Stephen Janetzko; Musik: trad.; CD "Danke Gott"
© Edition SEEBÄR-Musik Stephen Janetzko, www.kinderliederhits.de

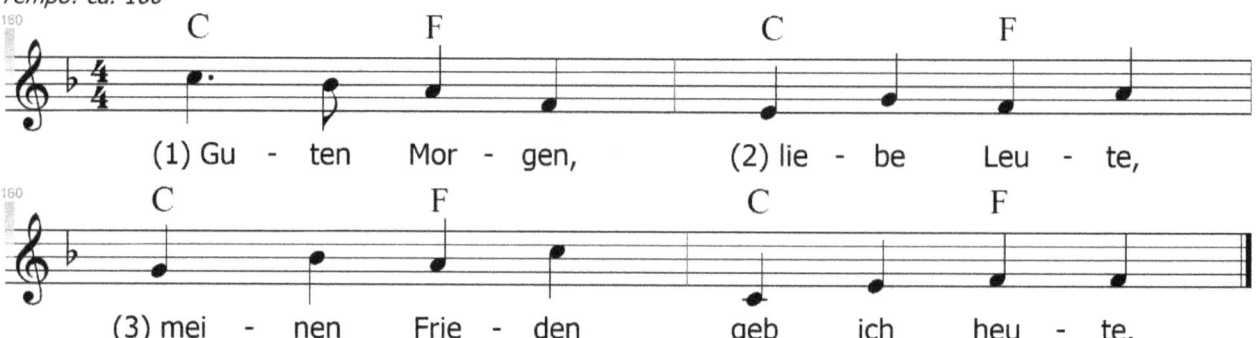

Guten Morgen, liebe Leute, meinen Frieden geb ich heute.

Anregung:
Für diesen schönen Kanon nach der bekannten Melodie von "Froh zu sein bedarf es wenig" könnt Ihr euch noch die verschiedensten Textvarianten selber einfallen lassen.
Hier einige weitere Varianten zur Auswahl für verschiedene Anlässe, Tages- und Jahreszeiten (auch hier kann untereinander kombiniert werden):

Für die Sonne:

Liebe Sonne, schick doch wieder deine Strahlen auf uns nieder.
Sonne, Sonne, schick bald wieder, goldne (warme) Strahlen zu uns nieder.

Zu den Tageszeiten:

Guten Morgen, liebe Leute, meinen Frieden geb ich heute.
Guten Tag, ihr lieben Leute, danke für das schöne Heute.
Guten Tag, ihr lieben Leute, meinen Frieden geb ich heute.
Guten Abend, liebe Leute, meinen Frieden geb ich heute.
Gute Nacht, ihr lieben Leute, meinen Frieden geb ich heute.
Gute Nacht, ihr lieben Leute, danke für das schöne Heute.

Zu den Jahresfesten:

Frohe Ostern, liebe Leute, meinen Frieden geb ich heute.
Frohe Pfingsten, liebe Leute, meinen Frieden geb ich heute.
Frohe Weihnacht, liebe Leute, meinen Frieden geb ich heute.

Zum Abschied:

Alles Gute, liebe Leute, schönen Heimweg wünsch ich heute.
Tschüs, bis bald, ihr lieben Leute, schönen Heimweg wünsch ich heute.

Für den Gottesdienst:

Lieber Gott, wie tausend Sterne und noch mehr hast du mich gerne.
Wie im Himmel so auf Erden, lass uns Deine Jünger werden.

Gemeinsam sind wir stark

Text und Musik: Stephen Janetzko; CD "Danke Gott"
© Edition SEEBÄR-Musik Stephen Janetzko, www.kinderliederhits.de

Tempo: ca. 148

Refrain: Gemeinsam sind wir stark, gemeinsam packen wir es an. Und halten wir zusammen, geht alles gut voran. alles gut voran.

1. Nein, du bist doch nicht allein; ich bin bei dir. Komm und reich mir deine Hand und geh mit mir. Zu zweit wolln wir gehn, und du wirst es sehn:

Refrain (2x): Gemeinsam sind wir stark...

2. ...zu dritt...
3. ...zu viert...
4. ...zu fünft...
6. ...zu sechst...
7. (bzw. letzte Strophe) ...ja, alle...

Spielanregung:
Ein einfaches Spiellied (wer es gern im religiösen Bereich einsetzen möchte, kann im 2. Teil des Refrains auch alternativ singen "Mit Gott an unsrer Seite, geht alles gut voran"). Alternativ gehts auch ohne Reim "geht alles wie von selbst".
Alle stehen im Kreis und fassen sich an den Händen. Ein Kind ist zunächst allein in der Mitte. In den Strophen tritt jeweils ein weiteres Kind aus dem Außenkreis hinzu; sie nehmen sich bei den Händen und gehn gemeinsam im Innenkreis. Zum Schluss (oder wenn der Außenkreis je nach Kinderzahl zu klein wird) bilden alle einen gemeinsamen Kreis.

Gott ist die Liebe
(3-stimmiger Kanon)

Text und Musik: Stephen Janetzko; CD "Danke Gott"
© Edition SEEBÄR-Musik Stephen Janetzko, www.kinderliederhits.de

(1) Gott ist die Liebe, die Liebe ist Gott;
(2) wer in der Liebe bleibt, der bleibt in Gott,
(3) und Gott bleibt in ihm.

Hinweis:
Als Kanon bis zu drei Stimmen singbar.
Text nach 1. Joh 4,16.

Mit Gott erlebst du was!

Text: Rolf Krenzer; Musik: Stephen Janetzko (nach "Mit uns erlebst du was!" von Rolf Krenzer/Stephen Janetzko); CD "Danke Gott" © Edition SEEBÄR-Musik Stephen Janetzko, www.kinderliederhits.de

Refrain: Mit Gott erlebst du was! Mit Gott, da macht es Spaß! Drum rat' ich sehr: Komm einfach her und mach' und mach' und mach' mit uns doch was! 1. Wir laden dich gern ein, und fühlst du dich allein, dann laß dich, du, das wäre schön, doch einfach bei uns sehn!

Refrain: Mit Gott erlebst du was...

2. Wir warten schon auf dich!
Und kommst du hoffentlich,
dann bist du nicht mehr lang allein,
drum laden wir dich ein!

Refrain: Mit Gott erlebst du was...

3. Mit uns, das wirst du sehn,
mit uns, da ist es schön.
Und lässt du dich bei uns mal sehn,
dann wirst du das verstehn.

Refrain: Mit Gott erlebst du was...

Ein bunter Regenbogen (Kanon)

Text: Rolf Krenzer; Musik: Stephen Janetzko; CD "Danke Gott"
Tempo: ca. 180 © Edition SEEBÄR-Musik Stephen Janetzko, www.kinderliederhits.de

1. Ein bunter Regenbogen ist über`s Land gezogen.
Die Sonne scheint auf`s Gras, das noch vom Regen nass.

2. Ein bunter Regenbogen ist über`s Land gezogen.
Und alle bleiben stehn, um ihn sich anzusehn.

3. Ein bunter Regenbogen ist über`s Land gezogen,
damit ihr`s alle wisst, daß Gott uns nicht vergisst.

Singanregung:
Das Lied kann als 2-stimmiger Kanon gesungen werden,
wobei in der Mitte geteilt wird.
Wenn ihr es nicht als Kanon singt, so könnt ihr auch
die zweite Zeile jeder Strophe doppelt singen.

Spielanregung:
Nicht nur in der christlichen Kultur, auch in vielen anderen
Kulturen auf der Welt ist der Regenbogen nicht nur ein
Wetterphänomen, sondern beinhaltet auch eine religiöse
Symbolik.
Möglichkeiten der Umsetzung beim Singen des Liedes
während eines Kindergottesdienstes oder einer
Kindergartenfeier:
- Viele kleine Tücher in den Regenbogenfarben werden
von den Kindern auf dem Boden zu einem Regenbogen
gelegt.
- Zur Vorbereitung malen die Kinder mit Fingerfarbe einen
riesigen Regenbogen auf eine Tapetenbahn. Dieser Bogen
wird zerschnitten und während der Feier wird der
Regenbogen wieder zusammengefügt.
- Jedes Kind erhält ein Tuch in einer Regenbogenfarbe.
Dieses Tuch wird als Halstuch, Kopfschmuck usw.
getragen. Während des Liedes bilden die Kinder dann
einen Kreis und bewegen sich als geschlossener
Regenbogenkreis zum Lied.

Viele kleine Leute
(Eine Handvoll Sonnenschein)

Text: Werner Schaube/Stephen Janetzko; Musik: Stephen Janetzko; CD "Danke Gott"
© Edition SEEBÄR-Musik Stephen Janetzko, www.kinderliederhits.de

Tempo: ca. 180

1. Vie-le klei-ne Leu-te, vie-le klei-ne Schrit-te;
kommt, wir wer-den Freun-de, die ge-mein-sam gehn!
Vie-le klei-ne Leu-te, vie-le klei-ne Schrit-te,
un-ter-wegs zur Quel-le, wo die Blu-men blühn'.

Refrain: Ei-ne Hand-voll Son-nen-schein; wer mag mit uns sein?
Öff-net eu-re Her-zen weit: Gott lädt al-le ein.

2. Viele kleine Leute, viele kleine Schritte,
du und ich gemeinsam, gehen Hand in Hand.
Viele kleine Leute, viele kleine Schritte,
auf der großen Reise ins gelobte Land.

Refrain: Eine Handvoll Sonnenschein...

3. Viele kleine Leute, viele kleine Schritte
gehen immer weiter, gleich, was auch geschieht.
Viele kleine Leute, viele kleine Schritte
sagen heute danke in Gebet und Lied.

Refrain: Eine Handvoll Sonnenschein...

4. Viele kleine Leute, viele kleine Schritte,
und in unsrer Mitte: Gottes Wunder sehn.
Viele kleine Leute, viele kleine Schritte;
kommt, wir werden Freunde, die gemeinsam gehn!

Refrain: Eine Handvoll Sonnenschein...

Spielanregung: Zu den Strophen trippeln oder gehen wir rhythmisch auf der Stelle.
Beim Refrain können wir folgende Bewegungen machen:
-> Eine Handvoll Sonnenschein: Eine Hand (oder auch beide) geöffnet nach vorn strecken (Handinnenfläche oben)
-> Wer mag mit uns sein: Mit der anderen Hand (oder beiden) herwinken
-> Öffnet eure Herzen weit: Mit geschlossenen Händen 2x auf die Brust schlagen, danach Hände und Arme weit öffnen
-> Gott lädt alle ein: 3x in die Hände klatschen

In Gottes schöne Welt

Text und Musik: Stephen Janetzko; CD "Danke Gott"
© Edition SEEBÄR-Musik Stephen Janetzko, www.kinderliederhits.de

Refrain: In Gottes schöne Welt...

2. Wohl über Stock und Stein,
was kann da schöner sein,
was kann da-a schöner, kann da schöner,
kann da schöner sein?
Die Quelle gibt uns Trank,
wir sagen vielen Dank,
wir sage-en vielen, sagen vielen,
sagen vielen Dank!

Refrain: In Gottes schöne Welt...

3. Was blüht am Wegesrand,
in diesem unsren Land,
in diese-em unsren, diesem unsren,
diesem unsren Land?
Hinab ins schöne Tal,
dann bis zum nächsten Mal,
dann bis zu-um nächsten, bis zum nächsten,
bis zum nächsten Mal!

Refrain: In Gottes schöne Welt...

Gott ist überall
(Kanon bis 6 Stimmen, mit Bewegungen)

Text und Musik: Stephen Janetzko; CD "Danke Gott"
© Edition SEEBÄR-Musik Stephen Janetzko, www.kinderliederhits.de

(1) Gott ist überall.
(2) Gott ist überall.
(3) Oben und unten, rechts und links.
(4) Vorne und hinten, außen und innen.
(5) Tief in meinem Herzen drinnen:
(6) Gott ist überall.

Anleitung zum Singen und Mitmachen:
Dieses Lied ist als bis zu 6-stimmiger Kanon singbar,
wobei nach je 2 Takten geteilt werden kann
(oder bis zu 3-stimmig nach je 4 Takten).
Zu den einzelnen Versen können Bewegungen gemacht werden,
um den Inhalt auch über die äussere Form transparent zu machen:
-> Gott ist überall: Mit beiden Händen/Armen eine große
Sonne (Weltkugel) malen
-> Gott ist überall: s.o.
-> Oben und unten: Beide Arme kurz nach oben strecken
(Handinnenflächen zeigen nach oben), dann nach unten
(Handinnenflächen zeigen nach unten)
-> Rechts und links: Erst rechts, dann links vom Körper in die
Hände klatschen
-> Vorne und hinten: Beide Zeigefinger (oder Arme,
Handinnenflächen zeigen nach vorn) erst nach vorn strecken,
dann nach hinten auf/über die Schultern (alternativ: Oberkörper
nach vorne und hinten beugen)
-> Außen und innen: Beide Hände/Arme öffnen sich nun von den
Schultern (alternativ: vom Solarplexus) ausgehend und strecken sich
kurz weit aus und werden dann wieder zurückgeführt
-> Tief in meinem Herzen drinnen: Mit der rechten Faust 4x
(halbtaktig) auf das Herz schlagen
-> Gott ist überall: s.o.
Statt als Kanon kann das Lied auch ähnlich wie ein Mantra
beliebig oft hintereinander gesungen werden (auf Wunsch mit
den Bewegungen).

Text auf Englisch: God is everywhere
(Lyrics and Music: Stephen Janetzko)

(1) God is everywhere.
(2) God is everywhere.
(3) Top to the bottom, right and left.
(4) Front and behind and outside and inside.
(5) Deep in my heart, he will abide:
(6) God is everywhere.

Johanni-Kanon

Text und Musik: Stephen Janetzko; CD "Danke Gott"
© Edition SEEBÄR-Musik Stephen Janetzko, www.kinderliederhits.de

(1.) Johanni, Johanni.
(2.) Johanni, Johanni.
(3.) Das Feuer brennt, das Feuer brennt
(4.) zur Sommersonnenwend.

Spielanregung:
Kanon zum Johanni-Tag am 24.6.
oder fürs Sonnenwend-Feuer.
Als Kanon bis zu 4 Stimmen.

Segne unser Essen

Text und Musik: Stephen Janetzko; CD "Danke Gott"
© Edition SEEBÄR-Musik Stephen Janetzko, www.kinderliederhits.de

2. Segne jede Speise,
segne jeden Trank.
Unsern Dank beweise
dieser Lobgesang.

3. Danke für die Ernte,
danke für die Saat,
die die Sonne wärmte.
Alle werden satt.

4. Danke für die Gaben,
die die Erde schenkt.
Was wir sind und haben,
ist von Dir gelenkt.

Tu da, wo du bist (Kanon)

Text (Sprichwort) und Musik: Stephen Janetzko; CD "Danke Gott"
© Edition SEEBÄR-Musik Stephen Janetzko, www.kinderliederhits.de

(1.) Tu da, wo du bist, (2.) mit dem, was du hast, (3.) das, was du kannst.

Tu da, wo du bist,
mit dem, was du hast,
das, was du kannst.

Hinweis:
Kanon, bis zu drei Stimmen.

Wir wollen danken

Text: Verfasser unbekannt; Musik: Stephen Janetzko; CD "Danke Gott"
© Edition SEEBÄR-Musik Stephen Janetzko, www.kinderliederhits.de

Wir wol-len dan-ken für un-ser Brot, wir wol-len hel-fen in al-ler Not,
wir wol-len schaf-fen, die Kraft gib du. Wir wol-len lie-ben, Herr, hilf da-zu!

Wir wollen danken für unser Brot,
wir wollen helfen in aller Not,
wir wollen schaffen - die Kraft gib Du.
Wir wollen lieben - Herr, hilf dazu!

Gott, ich will dir danken
(Danklied - Lied zu Erntedank)

Text: Rolf Krenzer; Musik: Stephen Janetzko; CD "Danke Gott"
© Edition SEEBÄR-Musik Stephen Janetzko, www.kinderliederhits.de

Tempo: ca. 180

Ref.: Gott, ich will dir danken, so gut ich danken kann. Damit ich's nicht vergesse, fang' ich gleich damit an. 1. Für Mehl, für Brot und Kuchen, für alles, was mir schmeckt, für all die süßen Beeren, die ich im Wald entdeckt.

Refrain: Gott, ich will dir danken...

2. Für Gurken und Tomaten, Gemüse und Salat,
    für Reis und für Kartoffeln. Das macht mich rund und satt.

Refrain: Gott, ich will dir danken...

3. Für diesen dicken Kürbis, den keiner übersieht,
    für Äpfel und für Pflaumen dank´ ich mit meinem Lied.

Refrain: Gott, ich will dir danken...

4. Du gabst uns allen reichlich. So fängt die Ernte an.
    Ich will von Herzen danken, dass ich dir danken kann.

Refrain: Gott, ich will dir danken...

Spielanregung:
Ein Danklied für die Gaben der Natur an uns Menschen und für ihren Schöpfer. Beim Erntedankfest stellen wir die verschiedenen Früchte, Gemüse etc. schön dekoriert auf. Das Lied kann auch als Abschluss eine Reihe zum Thema "Säen-Ernten" eingesetzt werden (dazu passen würden zur weiteren Begleitung auch die Lieder "Bauer Hans", "Danke für die Früchte" oder das "Ernte-Tanzlied" von Stephen Janetzko). Auch als Tischlied/Danklied vor den Mahlzeiten singbar.

Michaeli, Michaeli

Text und Musik: Stephen Janetzko; CD "Danke Gott"
© Edition SEEBÄR-Musik Stephen Janetzko, www.kinderliederhits.de

hel - le Licht.
An - ge - sicht. Bleib Recht und Ord - nung treu!

Refrain: Michaeli, Michaeli...

2. Kämpf für die gute Sache.
Brich auf des Finstren Macht.
Halt doch für uns die Wache.
Steh bei uns Tag und Nacht.
Zeig uns dein gutes Schwert!

Refrain: Michaeli, Michaeli...

Hinweis:
Ein Lied zum Michaeli-Tag, dem 29. September, der gleichzeitig auch als "Tag aller Engel" gefeiert wird.

Sankt Martin ist da!

*Text und Musik: Stephen Janetzko; CD "Ein bisschen so wie Martin",
ISBN 978-3-941923-92-8; © Edition SEEBÄR-Musik Stephen Janetzko, www.kinderliederhits.de*

Refrain: Sankt Martin ist da! Sankt Martin ist da!

2. Ein armer Bettler vor ihm stand
im kalten Schnee, trug kein Gewand.

Refrain: Sankt Martin ist da! Sankt Martin ist da!

3. Sankt Martin beugt sich von dem Pferd,
teilt seinen Mantel mit dem Schwert.

Refrain: Sankt Martin ist da! Sankt Martin ist da!

4. Er reicht dem Bettler von dem Stück
den halben Mantel für sein Glück.

Refrain: Sankt Martin ist da! Sankt Martin ist da!

5. Der Bettler dankte Martin sehr,
als ob´s sein eig´ner Bruder wär.

Refrain: Sankt Martin ist da! Sankt Martin ist da!

6. Sankt Martin ritt davon geschwind
mit halbem Mantel durch den Wind.

Refrain: Sankt Martin ist da! Sankt Martin ist da!

7. Ein rechtes Leben führe stets,
sei wie Sankt Martin unterwegs.

Auf allen Wegen

Text und Musik: Stephen Janetzko; CD "Danke Gott"
© Edition SEEBÄR-Musik Stephen Janetzko, www.kinderliederhits.de

Auf allen Wegen, auf allen Wegen,
gehn mit Deinem Segen.
Auf allen Wegen, auf allen Wegen,
gehn mit Deinem Segen.

Hinweis: Als Kanon zu 2 Stimmen.

Alternativ können wir auch singen:

Auf allen Wegen, auf allen Wegen,
gehn mit Gottes Segen.
Auf allen Wegen, auf allen Wegen,
gehn mit Gottes Segen.

Lieber Gott, wie tausend Sterne
(4-stimmiger Kanon "Froh zu sein")

Text und Musikbearb.: Stephen Janetzko; Musik: trad.; CD "Danke Gott"
© Edition SEEBÄR-Musik Stephen Janetzko, www.kinderliederhits.de

Tempo: ca. 160

(1) Lie - ber Gott, wie (2) tau - send Ster - ne
(3) und noch mehr, hast (4) du mich ger - ne.

Lieber Gott, wie tausend Sterne und noch mehr, hast du mich gerne.

Anregung:
Für diesen schönen Kanon nach der bekannten Melodie von "Froh zu sein bedarf es wenig" könnt ihr euch noch die verschiedensten Textvarianten selber einfallen lassen.
Hier einige weitere Varianten zur Auswahl für verschiedene Anlässe, Tages- und Jahreszeiten (auch hier kann untereinander kombiniert werden):

Für die Sonne:

Liebe Sonne, schick doch wieder deine Strahlen auf uns nieder.
Sonne, Sonne, schick bald wieder, goldne (warme) Strahlen zu uns nieder.

Zu den Tageszeiten:

Guten Morgen, liebe Leute, meinen Frieden geb ich heute.
Guten Tag, ihr lieben Leute, danke für das schöne Heute.
Guten Tag, ihr lieben Leute, meinen Frieden geb ich heute.
Guten Abend, liebe Leute, meinen Frieden geb ich heute.
Gute Nacht, ihr lieben Leute, meinen Frieden geb ich heute.
Gute Nacht, ihr lieben Leute, danke für das schöne Heute.

Zu den Jahresfesten:

Frohe Ostern, liebe Leute, meinen Frieden geb ich heute.
Frohe Pfingsten, liebe Leute, meinen Frieden geb ich heute.
Frohe Weihnacht, liebe Leute, meinen Frieden geb ich heute.

Zum Abschied:

Alles Gute, liebe Leute, schönen Heimweg wünsch ich heute.
Tschüs, bis bald, ihr lieben Leute, schönen Heimweg wünsch ich heute.

Für den Gottesdienst:

Wie im Himmel so auf Erden, lass uns deine Jünger werden.

Heute ist so viel geschehn

Text: Werner Schaube; Musik: Stephen Janetzko; CD "Danke Gott"
© Edition SEEBÄR-Musik Stephen Janetzko, www.kinderliederhits.de

Tempo: ca. 172

Heu-te ist so viel ge-schehn, und ich schlaf gleich ein.
Lie-ber Gott, die Welt ist schön, lass uns nicht al-lein.
Mor-gen wird so viel ge-schehn, und ich wer-de wach.
Lie-ber Gott, ein gu-ter En-gel gibt dann auf mich acht.

Vater unser (Janetzko)

Text: Liturgie; Musik: Stephen Janetzko; CD "Danke Gott"
© Edition SEEBÄR-Musik Stephen Janetzko, www.kinderliederhits.de

Vater unser im Himmel
geheiligt werde dein Name
dein Reich komme
dein Wille geschehe
wie im Himmel so auf Erden.
Unser tägliches Brot gib uns heute
und vergib uns unsere Schuld
wie auch wir vergeben unsern Schuldigern.
Und führe uns nicht in Versuchung,
sondern erlöse uns von dem Bösen.
Denn dein ist das Reich und die Kraft und die Herrlichkeit,
in Ewigkeit.
Amen.

Hinweis: Kann beim Singen auch abschnittweise wiederholt werden (Vorsänger/Chor), wenn gewünscht.

Stephen Janetzko - CD „Danke Gott"
Neue religiöse Kinderlieder von & mit Stephen Janetzko

Hier finden sich 20 schöne neue Lieder für Kindergarten, Gottesdienst, Schule & Zuhause.
Die Lieder haben einfache, leicht lernbare Texte und Melodien und können gut z.B. einfach mit Gitarre begleitet werden – mit Texten von Rolf Krenzer, Werner Schaube und Stephen Janetzko. Die Melodien stammen alle von Stephen Janetzko, der hier zudem neue Fassungen des altbekannten 4-stimmigen Kanons „Froh zu sein bedarf es wenig" für alle Gelegenheiten präsentiert. Als Bonus-Lied gibt es das „Vater unser" in einer neuen Version mit dem unverändertem Text aus der Liturgie und mit einer Melodie von Stephen Janetzko.

CD-Inhalt (Lieder):
Danke, Gott (Für die schöne Welt) - Wir feiern jetzt ein Fest (Und alle sind dabei!) - Guten Morgen, liebe Leute (4-stimmiger Kanon) - Gemeinsam sind wir stark - Gott ist die Liebe (3-stimmiger Kanon) - Mit Gott erlebst du was! Ein bunter Regenbogen (2-stimmig) - Viele kleine Leute (Eine Handvoll Sonnenschein) - In Gottes schöne Welt (Wanderlied) - Gott ist überall (Kanon mit Bewegungen) - Johanni (Kanon zum Johanni-Tag am 24.6.) - Segne unser Essen - Tu da, wo du bist (3-stimmiger Kanon) - Wir wollen danken - Gott, ich will dir danken (Erntedanklied) - Michaeli, Michaeli (zum Michaeli-Tag am 29.9.) - Sankt Martin ist da (zum 11.11.) - Auf allen Wegen (2-stimmiges Segenslied) Lieber Gott wie 1000 Sterne (Kanon) - Heute ist soviel geschehn (Lied zur guten Nacht) - Vater unser (Janetzko)

ISBN 978-3-932455-84-1 - Online-Shop im Internet unter www.kinderlieder-shop.de

Stephen Janetzko

(Liedermacher und Verleger)

Mit einer 20-minütigen MC „Der Seebär" fing alles an, heute sind es weit über 600 Kinderlieder, die der gebürtige Hagener Liedermacher bereits auf über 50 CDs und in zahllosen Liedsammlungen veröffentlicht hat. Viele davon, wie „Hallo und guten Morgen", „Wir wollen uns begrüßen", „Augen Ohren Nase", „Das Lied von der Raupe Nimmersatt", „Hand in Hand" oder „In meiner Bi-Ba-Badewanne", werden heute gesungen in Kindergärten, Schulen und überall, wo Kinder sind.

... mehr Info, mehr CDs, mehr Lieder & Noten:
www.kinderliederhits.de

Alle Rechte vorbehalten.
Dieses Werk ist urheberrechtlich geschützt. Jegliche Vervielfältigung und Verwertung ist nur mit Zustimmung der Autoren bzw. des Verlags zulässig. Das gilt insbesondere für Übersetzungen, die Einspeicherung und Verarbeitung in elektronischen Systemen sowie für das öffentliche Zugänglichmachen wie zum Beispiel über das Internet. Ein Nachdruck oder eine Weiterverwertung ist nur mit schriftlicher Genehmigung des Verlags möglich.

© Verlag Stephen Janetzko, **www.kinderliederhits.de**

www.ingramcontent.com/pod-product-compliance
Lightning Source LLC
Chambersburg PA
CBHW081504040426
42446CB00016B/3396